**Dan Ungureanu**

•

# Der Idiot und die emanzipierte Frau

DAN UNGUREANU

# Der Idiot
# und die emanzipierte Frau

**Bibliografische Information der Deutschen Nationalbibliothek**
Die Deutsche Nationalbibliothek verzeichnet diese Publikation in der Deutschen Nationalbibliografie; detaillierte bibliografische Daten sind im Internet über
http://dnb.d-nb.de abrufbar.

Eine Marke der Frieling & Huffmann GmbH & Co. KG
Rheinstraße 46, 12161 Berlin
Telefon: 0 30 / 76 69 99-0
www.frieling.de

ISBN (Print): 978-3-8280-3605-5

1. Auflage 2021
Umschlaggestaltung: Michael Beautemps nach einer Vorlage des Autors

Printed in Germany

# Nachdenkliche Worte

»Der Hauptgrund für Stress
ist der tägliche Kontakt mit Idioten.«

*Unbekannter Autor*

»Der Hauptgrund fürs Verrücktwerden
ist der tägliche Kontakt
mit emanzipierten Menschen.«

*Unbekannter Autor*

# Inhalt

# Vorwort

»Aus kleinem Anfang entspringen alle Dinge.«

*Marcus Tullius Cicero*

Wo wollen wir mit unserer Mann-Frau-Beziehung, mit unserer Gesellschaft, die wir frei, demokratisch und zivilisiert nennen, enden? Wie kommt es, dass wir bei unseren demokratischen Wahlen überwiegend zwischen zwei (oder mehr) ausschließlich schlechten Alternativen wählen, dem kleineren Übel? Warum kann ein Politiker uns mit empörender Lässigkeit undemokratisch kundtun, dass eine bestimmte Entscheidung von ihm ohne Alternative sei, obwohl wir alle wissen, dass Probleme immer mehrere Lösungen haben?

Im Folgenden stelle ich ein mögliches Zukunftsszenario vor, das Realität werden könnte, wenn wir nicht zulassen, dass sich die Gegebenheiten weiterentwickeln wie zuvor.

Wir müssen anders über unsere menschlichen Beziehungen nachdenken, die Gesellschaft, in der wir leben wollen, radikal zum Besseren ändern, reformieren. Wir müssen aufhören, uns selbst zu täuschen, uns gegenseitig anzulügen und unsere eigenen Feinde zu sein.

Dafür brauchen wir zukünftig Menschen, die besser ausgebildet bzw. erzogen sind als heute. Wir brauchen einen begründeten gesellschaftlichen Konsens, vorzugsweise auf freiwilliger Basis, weil er sonst auferlegt werden muss.

Wir bedürfen vor allem Freundschaft statt Liebe, ehrliche Menschen, auf die wir bauen können, eine permanente Suche nach den besten Lösungen, um unsere Probleme zu bewältigen. Wir brauchen Vertrauen!

# Teil 1: Der männliche Idiot

»Es gibt Besserwisser, die niemals begreifen,dass man recht haben und ein Idiot sein kann.«

*Martin Kessel*

Ich möchte niemanden beleidigen, obwohl wir Männer uns in manchen Lebenssituationen wirklich wie Trottel, eben Idioten benehmen. Den Begriff Idiot verwende ich hier im Sinne von profan, improvisierend, unwissend. Natürlich sind männliche Idioten in ihren Beziehungen zu anderen Menschen nicht dumm, ich stelle ihren Grad von Kultur nicht in Frage. Ich beziehe mich ausschließlich auf ihre Ausbildung im Sinne von Erziehung.

## Die Macht der Erziehung

Die Ausbildung unserer Herren der Schöpfung produziert leider nicht nur Ehrenmänner. Die meisten Männer werden durch intensive Ausbildung zu Kavalieren, d. h. höflich und taktvoll gegenüber Frauen. Sie werden Menschen, die Frauen und Kindern helfen sowie versuchen sie zu verstehen. Andererseits orientiert sich die

Ausbildung eines Mannes an den Eigenschaften, die er erwerben muss, um im Leben erfolgreich zu sein: Selbstvertrauen, gute körperliche Verfassung, Analysefähigkeit und Entscheidungskraft, Geduld sowie die Fähigkeit, seine Neugier, sein Selbstwertgefühl und seine Begeisterung für neue Ideen zu entwickeln. Er lebt in dem Glauben, dass es seine Mission sei, etwas zu entdecken, um in seinem Leben erfolgreich zu sein bzw. auf ein Lebenswerk zurückblicken zu können. Leider schaffen es die meisten Männer am Ende »nur«, ihre Arbeit gut zu machen. Der Mann ist derjenige, der immer versteht, Verantwortung für sein Handeln zu übernehmen. Im Prinzip ist er fair und akzeptiert meistens die negativen Folgen seiner Lebensstationen.

## Die Waffe der eigenen biologischen Rolle

Die menschliche Natur muss akzeptiert werden, wie sie ist. In Bezug auf das Geschlecht sind Männer von Natur aus benachteiligt. Zum Beispiel kann der Mann in der Sexualität nicht der Oberschiedsrichter, sondern nur Linienrichter sein. Er ist und bleibt ein Samenspender. Die Leistung, das Kind als natürliches Ergebnis des Geschlechtsverkehrs, kann ihm zugeschrieben werden oder nicht. Sicher ist jedoch, dass der Mann in der menschlichen Beziehung zur Mutter Verantwortung übernehmen muss. Schade, dass Männer keine Kinder austragen können. Sie würden punktuell das Werk ihres Lebens erschaffen.

Kehren wir aber zum zentralen Thema zurück, nämlich unser Potenzial erkennen und nutzen: Das eigene Potenzial zu erfassen, bedeutet für Männer, sich desselben bewusst zu sein, es bedeutet, Gewinn und Verlustrisiken jederzeit zu erkennen, ihre eigene Sicherheit zu gewähren, zu wissen, wie man die eigenen Emotionen kontrolliert sowie sich und andere begeistern kann.

## Die Waffe der Kommunikation

Als Kinder führen wir Kommunikationsübungen durch. Wir spüren die Bedeutung von Kommunikation sowohl instinktiv als auch bewusst. Ohne Kommunikation könnten wir nicht unsere Hoffnungen ausdrücken, unsere Versprechen nicht einhalten, uns rühmen oder rügen, wir könnten nicht drohen, unseren Glauben bezeugen oder lügen. Deshalb ist es besonders verständlich, dass ein Mann Experte für Kommunikation werden muss; Profi in klarer Verständigung, mit moderater Stimme, ohne die Nerven zu verlieren, ohne schreien zu müssen.

Durch gute Kommunikation gelingt es uns, effektiv zu argumentieren, Aufmerksamkeit zu erregen, unsere zu erreichenden Ziele zu definieren, Referenzmaßgaben festzulegen, etwas in einem Tempo in Gang zu setzen, dass den beruhigenden Eindruck vermittelt, die Zukunft vorhersehen zu können.

## Die Waffe der Spezialisierung

Es ist klar, dass wir nicht alles können und wissen. Deshalb wählen wir bestimmte Bereiche aus, in denen wir uns auszeichnen und spezialisieren möchten. Bei dieser Wahl ist der Unterschied zwischen Mann und Frau offensichtlich sowie historisch dokumentiert. Bestimmte Bereiche werden auf natürliche Weise oder durch Bildung auferlegt: Weil Männern die Möglichkeit verwehrt ist, Mutter zu werden, also in familialen Spezialgebieten Karriere zu machen, müssen sie eine Karriere in professionellen Spezialgebieten anstreben. Es ist wahr, dass familiennahe, soziale Dienstleistungen schlechter bezahlt werden als andere berufliche Spezialisierungen. Theoretisch sind es also Männer, die mehr Geld ins Haus bringen. In unserer (post-)modernen Gesellschaft benötigen wir Geld. Dies sollte jedoch kein Problem sein, denn der Mensch bedarf im Prinzip nur wenig Geld, um zu (über-)leben. Die Gesellschaft jedoch hat mit dem (ursprünglichen) Tauschmittel Geld einen scheinbaren Mehrwert geschaffen, der Neid und Zwietracht zwischen den Menschen sät.

## Die Waffe der Gleichheit

Wir dürfen uns nichts vormachen: Menschen sind nicht alle gleich. Es gibt Kinder und Eltern, Junge und Alte, Weiße und Schwarze, Dumme und Kluge, Arme und Reiche, Kranke und Gesunde, Frauen und Männer usw. Menschen wollen aber moralische und ausgleichende Prinzipien haben. Deshalb sind wir vor dem Gesetz alle gleich. Die Gesellschaft jongliert mit diesem Desiderat, ohne in der Lage zu sein, sehr konsequent zu agieren, Gerechtigkeit zu üben und echte Gleichheit zu erlangen.

Wenn wir uns jetzt auf die Ungleichheit zwischen Frau und Mann konzentrieren, erkennen wir von diesem Beispiel ausgehend, wie weit wir davon entfernt sind, diese als Wahrheit zu akzeptieren. Wir sind nicht so reif, uns dieser Ungleichheit zu stellen, und wir beginnen, auch ohne Hilfe von Geld, in einem endlosen Streit zu qualifizieren, wer was mehr tut und wer was mehr ist.

Wer oder was zerstört eigentlich die Gleichheit, die tatsächlich existiert? Wenn der Mann ausdrucksstark, enthusiastisch, anregend, entschlossen, klar, drastisch, energisch, gründlich, intensiv, stark, zielorientiert, voller Leben und Humor, leidenschaftlich, spirituell, überschwänglich, gut gebaut, vehement, einfühlsam, zärtlich, ein guter Zuhörer sowie Liebhaber sein muss, dann sollte die Frau in voller Gleichheit dasselbe sein. Ist sie das?

## Die Waffe der Täuschung

Wer die Verantwortung übernimmt, hat theoretisch auch die Macht. Wenn ich Verantwortung für mich und meine Handlungen übernehme, bedeutet dies, dass ich Macht über mich selbst ausübe. Manchmal übernehmen wir auch Verantwortung für andere und deren Handlungen. Zum Beispiel wird ein Mann dazu erzogen, für seine Familie – seine Frau und Kinder – die Verantwortung zu übernehmen. Durch ihre Erziehung hat die Frau kein Verantwortungsproblem, sie übernimmt keine Verantwortung für ihren Mann. Sie ist nur für ihr Lebenswerk verantwortlich, ihre Kinder.

Die Macht, die durch das Übernehmen von Verantwortung erzielt wird, drückt sich oft durch Druck auf andere Menschen aus – obwohl jeder weiß, dass man durch Gewalt (auch psychische) keine Anhänger gewinnt. Aber es ist wahr, dass uns bei Macht instinktiv ein Gefühl der Angst beschleicht. Wer die Macht hat, kann die Waffe der Täuschung nutzen und durch Drohungen, falsche Nachrichten, bestimmte Ausdrücke etc. die Angst verstärken: »Niemand ist unersetzlich!«, »Achtung, Sie können jederzeit gefeuert werden!« oder »Was werden die anderen sagen?«

Die Waffe der Täuschung, die von dem genutzt wird, der die Macht hat, angesichts seiner Macht Angst zu nähren, wird langzeitlich stumpf werden und schließlich zum

Machtverlust führen. Und dann wird der ehemalige Machthaber zur Rechenschaft gezogen. Bestes Beispiel ist die ehemalige DDR.

Derjenige, der die Macht ausübt, der die Verantwortung übernimmt, kann, um ein Gefühl der Freundschaft und des aufrichtigen und bedingungslosen Vertrauens zu erzeugen, die Waffe der Täuschung auch positiv einsetzen.

## Der Kampf des Mannes um die Macht

Ein Mann überzeugt sich selbst, dass es sich lohnt, in bestimmten Bereichen die Verantwortung zu übernehmen und sich zu spezialisieren. Er hat die notwendigen Eigenschaften entwickelt und ist darauf vorbereitet. Er wird seinen Charakter entsprechend formen und seinen Platz in der Gesellschaft finden. Und als richtiger Mann, der von dem, was er tut, begeistert ist, wird er wissen, wie er seiner Verantwortung gerecht werden kann: durch Liebe und Respekt gegenüber seiner Arbeit sowie den Menschen, die seine Macht akzeptiert und anerkannt haben.

Ein Mann erkennt natürlich die Konkurrenz um sich herum. Aber er weiß, dass weder Angriff noch Verteidigung ihm helfen werden, seine Stärke zu bewahren.

Von Männern wird erwartet, dass sie durch Ausbildung ihre spezifischen Entscheidungen auf Karriere und gut dotierte Berufe ausrichten. Ein dahingehender Misserfolg wird von der Gesellschaft als Niederlage bezeichnet und er ist automatisch ein Verlierer.

Damit ein Mann beruflich erfolgreich werden kann, benötigt er Ehrgeiz, Hartnäckigkeit, Ausdauer, ausgiebige Lektüre, viel Übung, etwas Talent, ein wenig Glück und manchmal auch Beziehungen. Alles relativ leicht zu bekommen, da dies nur von ihm selbst abhängt.

Wenn es nur das wäre, kein Problem. Doch durch Erziehung muss der Mann im Leben auch familiäre Verantwortung übernehmen. Hier werden die Dinge komplizierter. Der Mann kann seine Macht nicht durch die übernommene Verantwortung ausüben, da es sich um eine auferlegte Spezialisierungsentscheidung handelt, auf die er normalerweise nicht vorbereitet ist und die nicht nur von ihm abhängt. Familienverantwortung ist entweder eine Teamverantwortung mit gemeinsamen Aufgaben oder sie funktioniert nicht.

Familie ist keine gut bezahlte Berufswahl, denn sie wird nicht mit Geld honoriert. Der Mann, der vor dem Hintergrund seiner Erziehung familiäre Verantwortung übernimmt, muss die Familie aus einer anderen, profitablen Berufswahl finanzieren. Und wenn das Geld auch dann noch nicht ausreicht, wird er die familiäre

Verantwortung mit seiner Frau teilen, obwohl durch die Ehe »offiziell« nur er verantwortlich ist.

In der heutigen Praxis kenne ich nur ein Beispiel, bei dem lediglich *ein* Familienmitglied die Familienverantwortung vollständig übernimmt: Mütter, die ihr Kind bzw. ihre Kinder alleine großziehen. Und solche bezeichnen dieses Modell als bedauerlich und unerwünscht. Seltsam daran ist, dass die Mutter in so einem Fall keine Verliererin, sondern ein Opfer ist.

# Teil 2: Die emanzipierte Frau

»Eine wirklich emanzipierte Frau braucht ihre Emanzipation nicht zu plakatieren. Sie ist für sie so selbstverständlich wie Pulsschlag und Atemluft.«

*Giulietta Masina*

Ich möchte nicht sarkastisch sein, obwohl Frauen in einigen Lebenssituationen beweisen, wie sehr sie Maß und Mitte verloren haben. Das Wort »emanzipiert«, welches Frauen sich zuschreiben, verwende ich hier im Sinne einer Kriegerin, die frei von jeglichen Einschränkungen ist und dennoch mehr will. Ich beziehe mich keinesfalls auf ihren Kulturgrad, sondern ausschließlich auf ihren Grad an Ausbildung im Sinne von Erziehung.

## Die Macht der Erziehung

Leider kann die Erziehung der Frau nicht nur Ehrenmenschen (»Ladys«) hervorbringen. Aber die meisten Frauen werden durch intensive Ausbildung zu Damen, d. h. ordentlich und kultiviert. Menschen, die Frauen und Kinder anbeten, helfen und versuchen, sie zu verstehen.

In anderer Hinsicht orientiert sich die Erziehung einer Frau an den weiteren Eigenschaften, die sie erwerben muss, um im Leben erfolgreich zu sein: eine empfindsam körperliche Verfassung, ein detailliertes praktisches Gefühl, eine starke Sentimentalität, eine besondere Fähigkeit, den Sinn von Lebenssituationen richtig zu verstehen und zu erspüren, wenn es um Gesundheit, Proportionen, Harmonie, Synthese, die zu erreichende Zielverfolgung, Gerechtigkeit und Schönheit geht. Eine Frau lebt in dem Glauben, dass ihre Mission im Leben darin besteht, eine gute Mutter zu sein – ihr grundlegender Erfolg ist das Kind. Tatsächlich schaffen es die meisten Frauen, zu gebären. Doch leider schaffen sie es nicht, gute Mütter zu sein, solange sie diese Arbeit zeitgleich zu anderen Berufen ausüben.

Frauen verstehen es nicht, Verantwortung für ihr Handeln zu übernehmen. Ihre Verantwortung wird durch ihre zweideutige Art zu lieben zurückgehalten und zum Ausdruck gebracht. Es ist ihre natürliche und selbstsüchtige Art, zu überleben. Aber da sie so viel im Kopf haben und die Gesellschaft so hohe Ansprüche an sie stellt (hier übertreibe ich bzw. bin ich sarkastisch), wissen sie sehr gut, wie man Theater spielt, um die Rolle der Oberflächlichen, der Leichtsinnigen, der Schwester oder der ihren Nächsten Liebenden einzunehmen.

## Die Waffe der eigenen biologischen Rolle

Die Frau weiß sehr gut, dass sie in Bezug auf das Geschlecht von Natur aus im Vorteil ist. Es gelingt ihr, durch ein kontrolliertes Sexualspiel, wenn sie will, ihr Lebenswerk, das Kind, zu realisieren. Keine andere berufliche Leistung ermöglicht es ihr, dieses Maximum zu erreichen.

Dem weiblichen Geist fehlt natürlich die Fähigkeit des männlichen Geistes, Geräte zu übernehmen, Macht auf sie auszuüben, sie zu durchdringen und ihre Funktionalität im Detail und in ihrer Komplexität zu verstehen. Aber Frauen brauchen das auch gar nicht, solange sie diese Gegenstände nur nutzen können.

Aber kehren wir zu der Wichtigkeit zurück, unser eigenes Potenzial zu erkennen und zu gebrauchen. Frauen sind sich bewusst, dass sie attraktiv sind, dass sie geliebt werden können, dass sie klug, freundlich und (vermeintlich) bescheiden sind. Aus ihrer Erziehung wissen sie jedoch auch, dass sie nichts zu verlieren haben, wenn sie bestimmte Meinungen stark verteidigen.

Gefühle von Frauen sind sichtbarer als solche von Männern. Sie versuchen deshalb, diese Schwäche in ein Element der Stärke umzugestalten. Dabei geben sie ein eher unglückliches Bild ab: schlechte Verhandlungsfähigkeit und eine noch schlechtere Fähigkeit, Kritik auf- und anzunehmen. Hauptsächlich aus diesen Gründen scheitern viele fähige Frauen sowohl in ihrem beruflichen als auch in ihrem familiären Leben.

Das Ideal jeder Frau ist entsprechend ihrer Ausbildung und ihres anerkannten Potenzials das Familien- und Privatleben. Sie stellt hohe Anforderungen an sich selbst. Sie will nicht nur jemand sein, der neben dem Gehalt ihres Mannes Geld mit nach Hause bringt, der eine Haushälterin und Pflegekraft ist, der die Kinder »macht«, sie möchte zudem eine Freundin, eine Vertraute, eine Beraterin, eine Helferin in schwierigen Situationen, eine gute Mutter für ihre Kinder und sogar eine verdiente Bürgerin sein. Oft bleiben diese Wünsche reine Theorie.

## Die Waffe der Kommunikation

Schon in jungen Jahren lernen Mädchen durch Kommunikation auf Menschen zuzugehen. Als Frauen perfektionieren sie diese und wandeln sie in menschliche Beziehungen um. Auf diese Weise schaffen sie es, bestimmte Verbindungen herzustellen. Sie sagen nicht ausdrücklich, was sie zu sagen haben oder was sie denken, ihre Wünsche und Erwartungen werden indirekt formuliert, oft durch eine Frage. Sie wollen Harmonie herstellen oder aufrechterhalten und versuchen deshalb,

Konflikte zu vermeiden. Aus diesem Grund fällt es ihnen oft schwer, nein zu sagen. Selbst wenn sie die Macht inne- und die Verantwortung übernommen haben, versuchen sie, sie zu verschleiern.

Unter diesen Gesichtspunkten fällt es dem Mann mit seiner anderen Art der Kommunikation schwer, sich anzupassen und die Frau vollständig zu verstehen.

In der Familie spielen die Protagonisten männliche und weibliche Rollen. Sie müssen sich lediglich mit der Kommunikation des anderen auseinandersetzen und, wenn möglich, eine Einigung erzielen, einen Kompromiss. Beruflich haben Frauen jedoch schon lange verstanden, dass sich ihre Kommunikation an der Rolle (Unternehmensleiter, Sekretär, Buchhalter, Dienstmädchen usw.) orientieren muss, die jede/-r im Unternehmen spielt.

In der Familie bleiben die Rollen klar: Die Frau ist eine Frau, und der Mann ist ein Mann. Selbst wenn der Mann mittels Ehe die Verantwortung übernommen hat, er das Familienoberhaupt ist, vor seiner Frau wird es niemals einen anerkannten Chef geben.

## Die Waffe der Spezialisierung

Frauen sind dafür prädestiniert, Mütter zu sein, und entwickeln dadurch ein starkes Familien- und Heimatgefühl. Dieses Gefühl lenkt und beeinflusst die Spezialisierung der Frau, ohne eine gute Verbindung zu einem Mann zu haben. In familiären Fragen fühlt sich die Frau stark, fähig und selbstbewusst. Leider hat die Familie keine berufliche Konnotation, sie bringt kein Geld ins Haus. Wenn die Frau ihre Familie ernähren will oder muss, hat sie eine geeignete berufliche Position zu suchen. Ihre erste Wahl werden die Fachgebiete sein, in denen die Frau als Spezialistin bekannt ist: die Bereiche Soziales, Gesundheit, Kommunikation, Bildung, Haushalt, Organisation usw. Aber die Frau kann, wenn sie klug ist, sich durch zusätzliche Arbeit auf jedes andere Berufsfeld spezialisieren. Es ist, wie sie selbst zugibt, jedoch schwierig, alles unter einen Hut zu bringen.

Die Natur der Frau erlaubt es ihr nicht, die Familiendomäne vollständig aufzugeben, egal wie emanzipiert sie auch sein mag. Hier behauptet sie in ihrer »Demut«, nicht zu führen, denn die Verantwortung wäre zu groß. In der Familie will die Frau durch ihre angeborenen oder erworbenen Eigenschaften nur kontrollieren und beeinflussen.

## Die Waffe der Gleichheit

Durch das Schwenken der »Gleichheitsflagge« möchten bestimmte Kategorien von Menschen, die sich als benachteiligt betrachten, bestimmte (zusätzliche) Vorteile erzielen, die sie verdienen oder nicht.

Zum Beispiel:

- Kinder betrachten sich als benachteiligt und möchten das Recht erhalten, die Fehler ihrer Eltern zu kritisieren.
- Junge Menschen fühlen sich benachteiligt und möchten nicht länger gezwungen sein, ihre Eltern im Alter zu unterstützen.
- Schwarze Menschen fühlen sich benachteiligt (diskriminiert) und wollen eine größere Akzeptanz von Unterschieden in der Gesellschaft.
- Dumme fühlen sich benachteiligt und wollen eine »gleichberechtigte« Ausbildung an den Schulen.
- Arme fühlen sich benachteiligt und wollen eine andere Definition von Diebstahl bzw. eine gerechte Verteilung des Reichtums.
- Kranke/von der Gesellschaft behinderte Menschen fühlen sich benachteiligt und fordern das Recht, in der Gesellschaft mitarbeiten und (wenn möglich) leben zu können.
- Frauen fühlen sich benachteiligt und wollen gegenüber der bestehenden eine noch weitergehendere Emanzipation.

Ist die Verwirklichung des Gleichheitsideals in der Praxis überhaupt möglich? Wenn wir die Ungleichbehandlung von Frauen und Männern im Beruf betrachten, können wir uns nur wundern, dass das Erreichen der Gleichstellung durch eine Ungleichheit versucht wird – die Quote. Die Gleichstellung von Frau und Mann im Familienbereich ist jedoch eindeutig unerreichbar: In der gegenwärtigen Familie dominiert und kontrolliert die Frau den Mann. Der Mann ist, ob er will oder nicht, von seiner Frau in indirekter Form abhängig. (Eine Erklärung folgt später.)

## Die Waffe der Täuschung

Einerseits spreche ich über die Waffe der Täuschung, der Illusion, die versucht, die Angst der Menschen vor demjenigen aufrechtzuerhalten, der die Verantwortung für sie übernommen hat, vor demjenigen, der die Macht innehat.

Menschen im Allgemeinen können sich, unabhängig von ihrer Stärke, selbst täuschen und einen permanenten Zustand der Unsicherheit und des Misstrauens aufrechterhalten. Dies ist sehr einfach, und Frauen sind hierin Experten. Sie formulieren indirekt ihre Wünsche sowie Erwartungen und betonen ihre Schwäche mit einer Frage. In ihrer vermeintlichen Subtilität sagen sie etwas und denken an etwas anderes. So bleiben viele Dinge unausgesprochen, was zu Missverständnissen, Irritationen und Interpretationen führt.

Einige trügerische, manipulative Fragen/Aussagen sind:

- »Willst du eine Pause machen und etwas trinken?«
- »Wie wäre es, heute Abend der Romantiker zu sein, den ich zu Beginn unserer Liebe getroffen habe?«
- »Wäre es nicht schön, wenn auch du in diesem Haus etwas zu tun hättest? Du siehst doch, dass ich deine Hilfe brauche!«
- »Die Mülltonne ist wieder voll, da passt nichts mehr rein.«
- »Liebst Du mich?«
- »Worüber denkst du gerade nach?«
- »Es ist Zeit, zu reden!«
- »An der Ecke hat ein elegantes Restaurant eröffnet!«

Fazit: Eine klare, direkte und offene Kommunikation ist immer auch eine aufrichtige Kommunikation. Sagen Sie, was Sie zu sagen haben, zwingen Sie den Mann nicht, zu erraten, was Sie meinen!

## Der Kampf der Frau um die Macht

Emanzipation ist eng mit Macht verbunden. Emanzipiert ist, wer es vermag,

- seine Funktion und Position in der Gesellschaft zu konzipieren, zu definieren und zu verändern.
- die menschlichen Beziehungen, die ihm Gewinn bringen, zu pflegen und auszubauen.
- seinem Leben einen sozialen, kulturellen und persönlichen Sinn zu verleihen.
- seine Bedürfnisse zu definieren, zu diversifizieren und zu befriedigen.

Im Beruf müssen Menschen – Männer und Frauen – sich emanzipieren, Verantwortung und damit Macht übernehmen. Andernfalls können sie in einer bestimmten Funktion oder Position nicht bestehen. Sie müssen eine überzeugende Rolle spielen, damit sowohl sie als auch andere an sich glauben und ihnen »folgen«. Männer haben durch ihre Erziehung ein größeres Vertrauen in ihre Stärken, kennen ihre beruflichen Qualitäten besser, es fällt ihnen leichter, Machtpositionen zu besetzen und in ihnen zu überzeugen. Frauen aber, die sich ihrer Schwächen bewusst sind, versuchen in einer Berufsausbildung, die der eines Mannes entspricht, entweder die Lebensweise des Mannes zu kopieren (manche haben sogar Erfolg damit) oder (beschämenderweise) durch Quote Macht zu erlangen. Natürlich muss die Gleichstellung von Männern und Frauen funktionieren: Im fairen Wettbewerb sollten die Besten gewinnen. Tatsächlich kann es aber vorkommen, dass nicht der Beste gewinnt, sondern derjenige mit besseren Beziehungen – sei es ein Mann oder eine Frau.

In familiären Beziehungen fühlen sich Frauen durch ihre Erziehung stark. Hier brauchen sie keine Macht, sie müssen keine Verantwortung übernehmen. Es reicht aus, wenn die ausschließliche Kontrolle über bestimmte Familiendomänen erhalten bleibt.

Zum Beispiel:

- Kontrolle über die Illusion und Initiative in Bezug auf Aussehen (schön, provokativ), Gefühle (Liebe, Freundschaft)
- Kontrolle über die häusliche Tätigkeit
- Kontrolle über die Verwendung von Geld
- Kontrolle über die Erziehung der Kinder
- Kontrolle über die Qualität und den Rhythmus des Geschlechtsverkehrs.

Die Frau, welche all diese fünf wesentlichen Themen des Lebens in der menschlichen Beziehung zum Mann kontrollierte, war in der Vergangenheit emanzipiert und ist jetzt noch emanzipierter. In der Familie war sie dem Mann fast nie gleichgestellt, sondern ihm immer überlegen. Sie wusste, wie sie seine Macht durch Kontrolle in der menschlichen Beziehung festigen konnte, sie wusste, wie sie ihren Lebenspartner abhängig machen konnte, sie erhielt, mit »diplomatischer« Anstrengung, sei es größerer oder kleinerer, immer alles, was sie wollte.

## Teil 3: Die neue Emanzipation der Frau

»Die emanzipierte Frau ist genauso dumm wie die anderen, aber sie möchte nicht für so dumm gehalten werden.«

*Esther Vilar*

Ich kann nicht glauben, dass emanzipierte Frauen in einer menschlichen Beziehung »zu« klug und demzufolge gierig nach Macht werden wollen. Das Matriarchat in der Familie, aber auch in der Gesellschaft, ist keine tragfähige Lösung. Diese Wahrheit sollte von Frauen erkannt werden. Frauen von heute haben einen Punkt erreicht, an dem sie versuchen, das Maß zu überschreiten, wenn man bedenkt, dass ihnen alles gewährt wird. Es gibt nichts Falscheres! Und ihr Versuch, die Kontrolle in der Familie mit bekannten Methoden auf die gesamte Gesellschaft auszudehnen, ist unglücklich und erfolglos.

### Wir definieren die Schönheit

Frauen glauben, dass sie diejenigen sind, die bestimmen können, was schön ist, und dass sie den Menschen um sie herum die erklärte »Schönheit« aufzwingen können.

Dass ein Mann keinen Sinn für Schönheit hat und nicht weiß, wie man Schönheit definiert, ist falsch. Es ist ihm jedoch verboten, Maßstäbe für Schönheit zu setzen, und wenn er es doch tut, wird er lächerlich gemacht.
Nur Frauen, denen das Aussehen besonders wichtig ist, können bestimmte Tatsachenzustände verbreiten und durchsetzen, indem sie sie für schön oder zumindest akzeptabel erklären:

- Die Blumen in der Vase im Wohnzimmer, die Schmuckstücke im Fenster, die dekorative Anordnung gemäß Jahreszeit sind dann schön, wenn die Frau sie schön findet.
- Dünne oder dicke Frauen sind, wenn nicht schön, zumindest sexy, aber niemals hässlich.
- Jede Modeextravaganz ist akzeptabel; zu versuchen, durch Kleidung zu schockieren oder zu provozieren ist schön.
- Scham aufzugeben und fast nackt die Straße entlangzugehen, ist ein Recht und hat keine sexuellen Konnotationen; diejenigen, welche durch diese Haltung geschädigt werden, müssen nachgeben oder woanders hinschauen, d. h. ignorieren.
- Eine berufliche Ausbildung für das Schöne gibt es nicht. Und wenn sie existierte, würde dies die Freiheit der Frau in ihrem Wunsch (mit dem Rest von uns) zu tun, was sie will, verletzen.
- Die verrückte Propaganda, die in unseren Köpfen ankommen muss, ist die Tatsache, dass jede Frau schön ist. Und wenn ihre Schönheit mit zunehmendem Al-

ter zu wünschen übriglässt (sie selbst akzeptiert dies), bleibt ihre innere Schönheit intakt.

## Wir definieren die Liebe

Frauen glauben, dass sie diejenigen sind, die feststellen können, was Liebe ist und den Menschen um sie herum die von ihnen deklarierte »Liebe« aufoktroyieren können. Dass ein Mann keine Gefühle der Liebe hat und nicht weiß, wie man Liebe definiert, ist aber ein Irrtum. Doch Männern ist es verboten, Maßstäbe für Liebe zu setzen, und wenn sie dies dennoch tun, werden sie lächerlich gemacht.

Frauen sind in jüngerer Zeit dazu übergegangen, Empathie Liebe zu nennen. Sie zeigen echte und aufrichtige Zuneigung hauptsächlich gegenüber Kindern, Eltern und manchmal Männern. Liebe ist bei Frauen zu einer besonderen Kategorie geworden, die sich nur auf Sex beschränkt.

Haben Sie mal von einer Frau gehört, die die Ausstrahlung pornografischer Bilder in Zeitschriften oder im Fernsehen belastet? Ist Ihnen mal eine Frau begegnet, die sich krank fühlt, wenn sie empörende Propaganda über zum Verkauf stehende Sexspielzeuge sieht? Haben Sie schon von einer Frau gehört, die entschlossen gegen Prostitution vorgeht? Was immer Sie zu diesem Thema gehört haben, sind die Aussagen von Frauen: »Mein Körper gehört nur mir! Mit ihm mache ich, was ich will. Ich entscheide wann, wie und mit wem ich Liebe (bzw. Sex) mache. Ich entscheide, wie weit ich gehen möchte!«

Deshalb ist der Status von Frauen in Bezug auf Liebe (Sex) durch Erziehung ein besonderer:

- Sie haben immer die Initiative; sie zeigen ohne Worte, dass sie etwas wollen und geben nicht auf, bis sie es bekommen.
- In Bezug auf Sex wissen Frauen sehr gut, wie man nein sagt; es ist sehr schwierig, eine Frau zu vergewaltigen.
- Sie wissen indes sehr gut, wie sie sich sexuell durchsetzen können; es ist leicht, einen Mann zu verführen.

In diesem Zusammenhang finde ich den vermeintlichen Mut jener Frauen der MeToo-Bewegung, welche nach unzähligen Jahren die Bühne betreten und schreien »Ich wurde auch vergewaltigt!« fehl am Platz.

## Die Quote

Die Quote hat sicherlich ihre soziale Berechtigung für die Arbeitssuche bei hilflosen, von der Gesellschaft behinderten Menschen, welche massiv diskriminiert werden. Eine humanitäre Gesellschaft muss ihnen einen zulässigen Rabatt gewähren. Eine starke und emanzipierte Frau würde sich niemals als hilflos oder von der Gesellschaft behindert definieren – zu Recht.

Aber selbst Diskriminierung rechtfertigt eine Quote nicht, zumindest nicht vollständig. Diskriminierung wird sozial, politisch und kulturell durch eine diesbezügliche nachhaltige Bildung aufrechterhalten.

Eine Quote zugunsten diskriminierter Menschen würde eine immense Diversifizierung von Quoten bedeuten: Quoten für Frauen, alte Menschen, junge Menschen, ausländische Staatsbürger, Minderheiten aller Art usw. Warum wird eine Frau mit der gleichen Vorbildung immer für die traditionell weiblichen Berufe anstelle des Mannes ausgewählt? Und warum der Mann bei gleicher Vorbildung immer für die traditionell männlichen Berufe besetzt statt der Frau? Warum wird für denselben Job der junge Mensch anstelle des alten Menschen ausgewählt? Warum wird immer der (alte) Mann bei gleicher Qualifikation in die Führungsposition gewählt, der alte Mann statt des jungen Mannes oder der Mann anstelle der Frau? Warum wird er bei gleicher finanzieller Ausstattung immer bevorzugt, wenn er eine Wohnung mieten möchte, warum der Deutsche anstelle des Ausländers, die Familie ohne Kinder anstelle der Familie mit Kindern?

Dieses Bildungsproblem bedarf es an Zeit, um zu einem Verständnis vollständiger Gleichheit zu gelangen. Es ist auch sehr schwierig, nicht zu diskriminieren, wenn Ungleichheiten bisweilen offensichtlich sind. Die Beantwortung aller oben genannten Fragen führt jedoch nicht zur Lösung des Problems.

Sofern Diskriminierung begünstigt wird, sollte eine Quote nicht angewendet werden. Wenn wir die Merkmale von Diskriminierung außer Acht lassen, sollte es bei der Auswahl der Personen für einen bestimmten Job nur auf ihren Qualifikationsgrad und ihre Erfahrung ankommen. Und bei der Anmietung einer Wohnung sollte die Finanzkraft der Menschen entscheidend sein, nicht das Geschlecht, die Herkunft etc.

Ein Aspekt, der wenig diskutiert wird, nichts mit einer bestimmten Quote zu tun hat, Diskriminierung nicht berücksichtigt, Qualifikation und Erfahrung von Menschen ignoriert, ist Vetternwirtschaft, die missverstandene menschliche Beziehung. Aber auch hier geht es letztlich um Bildung in unserer unvollkommenen Gesellschaft.

## Willkommen im Frauenklub

Kehren wir zur neuen Emanzipation der Frauen zurück: Die fast verallgemeinerte Situation einer Mann-Frau-Beziehung findet nach einem Standardmuster statt. Zuerst kommt die »Liebe«, der Wunsch der Frau nach Sex. Wenn der Mann die Sicherheitsanforderungen der Frau erfüllt, folgt das Unvermeidliche: »Ich bin schwanger!« Es schließt sich gemeinhin eine im Prinzip auferlegte Ehe an – und mehrere Jahre des gemeinsamen Zusammenlebens, in denen die neue emanzipierte Frau ausreichend Gründe ansammelt, um von ihrem Ehemann enttäuscht worden zu sein. (Ein häufiger Grund kann auch einfach sein: »Mein Mann nervt mich!«) Von der anfänglichen »Liebe« ist nichts mehr übrig, und wahre Liebe war es nie. Es ist der Moment, in dem die neue emanzipierte Frau das Kind nimmt, auf Scheidung sowie Unterhalt klagt und dabei noch Verständnis und Mitgefühl von ihren Geschlechtsgenossinnen gewinnt.

Dies ist der Moment, in dem der (ggf. künftige Ex-)Mann nicht mehr der Vater des Kindes ist, sondern nur als Samenspender fungierte. Es ist der Moment, in dem die neue emanzipierte Frau Unterstützung sucht, um ihre Schmerzen und ihr Unglück zu teilen. Fast automatisch wird sie Mitglied im Klub emanzipierter Frauen, die ihre eigenen Kinder großziehen. Zu diesem Klub gesellen sich auch frustrierte und unzufriedene Frauen, die sich aus stichhaltigen Gründen noch nicht haben scheiden lassen. Gibt es eigentlich emanzipierte Frauen, die befriedigt und zufrieden sind? Ich habe eine klare Antwort darauf, rein subjektiv, aber definitiv: Nein!

## Wir machen das, weil wir es können

Der Begriff *Klub der neuen emanzipierten Frauen* ist ein schüchterner, fast bescheidener Begriff. Der richtige Ausdruck wäre der *Clan der neuen emanzipierten Frauen*, denn wir müssen die Macht berücksichtigen, die von diesen Gruppen ausgeht.

Um den negativen Aspekt dieser weiblichen Gruppen zu veranschaulichen, werde ich nicht explizit auf geschiedene Frauen verweisen, die ihre eigenen Kinder großziehen. Ihre Clans schaffen es lediglich, eine Geisteshaltung in die Gesellschaft einzuführen: »Alle Männer sind Schweine!«

Ein interessanteres Beispiel ist der *Clan neuer emanzipierter Frauen in der Politik*. In der Politik gilt dies sowohl für Männer als auch für Frauen: Sie müssen keine bestimmte berufliche Qualifikation nachweisen, um beispielsweise Minister oder Bürgermeister zu werden. Jede/-r kann dies tun, solange sie/er gewählt wird. Frau Merkel wurde nach einem Korruptionsskandal ihres Vorgängers zur Vorsitzenden der Konservativen gewählt. Zu jener Zeit galt sie als die Person, welche am wenigsten befleckt war und das Vertrauen der Wähler in die Partei wiederherstellen könne. Die Männer der Konservativen, welche sich ihrer Sünden bewusst, aber gleichzeitig selbstgekürte Kavaliere waren, hielten es für angebracht, eine Frau von unbestreitbarer Reinheit hinsichtlich ihrer (partei-)politischen Vergangenheit zu küren. Und die Wahl zur deutschen Bundeskanzlerin war nicht auf Merkels politische Professionalität zurückzuführen, sondern einer Überrumpelungstaktik

Schröders geschuldet, der die Wahl kurzerhand um ein Jahr vorzog, so dass nur Angela Merkel als Kandidatin in Frage kam. Ich kann nicht sagen, dass ihre Wahl die schlechteste war, auch wenn es unbestreitbar genug Punkte gibt, die kritisiert werden könnten. Darum soll es hier aber nicht gehen.

Mit der Wahl einer Frau in eine solche Position wurde der *Clan neuer emanzipierter Frauen in der Politik* gegründet. Plötzlich betraten unzählige bescheidene Minister(präsident)innen das Parkett, und nur sie wussten, wie frei von jeder familiären Verpflichtung sie waren. Wir stellten zudem fest, dass sich die Vetternwirtschaft in der Politik nun auch auf unsere weiblichen Vertreter ausdehnte. Wie schön: wieder Gleichheit hergestellt!

Und wenn der emanzipierte Frauenclan der Politik in Zukunft nicht mehr von der mächtigen Merkel unterstützt werden kann, können wir noch ein paar Wellen schlagen und über Quoten diskutieren.

## Wir mischen noch einmal die Karten

Heute sind sich die neuen emanzipierten Frauen ihrer Macht und Fähigkeiten bewusst geworden. Insbesondere wissen sie genau, dass sie männliche Idioten beeinflussen können.

Sie bedürfen dafür nicht einmal der Wissenschaft, weil sie als Frauen wissen, wie sie sich selbst erzogen haben, ganze Generationen, Jungen und Mädchen. Die Jungs sollten gut abschneiden und zuhören, da sonst Vergeltungsmaßnahmen folgen. Die Mädchen aber ruhig immer tun lassen, was sie wollen, weil sie sowieso recht haben und am Ende von allen verstanden werden!

Die neuen emanzipierten Frauen sind überzeugt, dass es jetzt an der Zeit sei, ihre Einfluss- und Koordinationskraft von der Familie auf die Gesellschaft auszuweiten. Frauen haben zwar – wenngleich unkoordiniert, aber aufgrund ihrer Anzahl effizient – bereits eine kleine Revolution begonnen:

- »Wir repräsentieren fünfzig Prozent der Bevölkerung.«
- »Wir wollen an der Führung teilhaben, wenn nicht anders, dann durch Quoten.«
- »Die MeToo-Bewegung zeigt allen, dass wir Opfer sind.«

Diese Stimmen werden immer zahlreicher. Die daraus resultierenden, unverantwortlichen Entscheidungen, welche nicht auf Logik, sondern nur auf Intuition (wie etwa: »Wir schaffen das!«) beruhen, sind unwidersprochen die besten. Die Konsequenzen ihrer Entscheidungen jedoch werden auf die Verantwortung der zuständigen Männer oder Institutionen übertragen.

Die von den neuen emanzipierten Frauen entworfene kann nicht unsere Zukunft sein. Wenn sie wirklich an einer guten Entwicklung der Gesellschaft teilhaben wollen, müssen sie lernen, Verantwortung für ihr Handeln zu übernehmen. Frau Merkel, Frau von der Leyen, Frau Kramp-Karrenbauer, Frau Klöckner usw. haben mich nicht davon überzeugt, dass sie die volle Verantwortung für ihre Entscheidungen übernommen haben. Mit diesen Beispielen meine ich nicht, dass Männer in ihren (Minister-)Ämtern besser sind. Sie alle haben einen gemeinsamen Nenner, bilden eine Kategorie: PolitikerInnen.

## Die Gesellschaft ist unsere Familie

Als ich Kind war, sagte meine Mutter immer zu mir: »Nur ein Narr sagt Dinge, ohne vorher nachzudenken. Und wer vorausdenkt, beweist, dass er bereit ist, Verantwortung für das Gesagte zu übernehmen.« Das ist zweifellos korrekt.

Aber wie kann man die Worte einer emanzipierten Frau, einer Mutter interpretieren, die sagt: »Wir werden diese schmutzigen Kanalratten wie die Ausländer nicht mehr los«? Weiß sie, was sie sagt? Hat sie vorher nachgedacht, kann sie Verantwortung dafür übernehmen? Wenn sie Verantwortung übernehmen könnte oder wollte, hätte sie gehandelt. Aber sie handelt nur propagandistisch, sogar pädagogisch, und versucht privat oder z. B. auf Demonstrationen andere Dummköpfe, oder vielmehr einige Idioten, davon zu überzeugen, zur Sache zu kommen.

Die emanzipierte Frau von heute versucht, ihr Ausbildungssystem über ihre Kinder während der Kindheit auf alle Menschen der Gesellschaft zu übertragen – unabhängig vom Alter und ohne zeitliche Einschränkung. Aber beweist die Frau von heute, dass die Ausbildung, die sie ihrem Kind mitgibt und in jüngerer Zeit an alle weitergeben kann, die richtige ist? Nein, im Gegenteil! Alle sind sich einig, dass die Ausbildung, die sie (hauptsächlich von ihren Müttern) erhalten haben, mittelmäßig war. Einige versuchen, ihre Ausbildung aushäusig fortzusetzen. Leider bleiben andere nur an den sieben Jahren von zu Hause hängen – wenn sie diese überhaupt erfahren haben.

Wir können jedoch nicht behaupten, dass die Gesellschaft, in der wir leben, zu unserer Familie wird, solange wir das Ausbildungssystem dem Zufall überlassen, dummen Amateuren oder sog. emanzipierten Frauen, die keine Verantwortung übernehmen wollen.

Die emanzipierten Frauen von heute möchten die Familie als idealtypisches Modell für die Gesellschaft, in der wir leben, präsentieren. Sie selbst glauben nicht daran. Sieh dich nur um, und merke, wie eine Familie von heute aussieht. Wollen wir wirklich, dass unsere Gesellschaft die Kleinheit, Bosheit und oft Unlogik familiärer Probleme übernimmt? Wohl nicht! Wir wollen, dass unsere Gesellschaft besser wird als die heutige Rest- oder Kleinfamilie. Wir wollen, dass unsere Gesellschaft andere, bessere Familienmodelle hat oder, wenn sie diese nicht hat, bestehende aufgibt.

# Teil 4: Erziehung neu definieren

»Je freier die Institution des Volkes, desto strenger muß die Erziehung sein. Das ist einer meiner fundamentalsten Erziehungsgrundsätze.«

*Adolph Diesterweg*

Die Wahrheit ist, dass jeder von uns das Recht haben will, frei für sich selbst wählen und entscheiden zu können. Aber niemand hat durch diese inhärente Freiheit das Recht, die gesunde Entwicklung der Gemeinschaft zu kontaminieren und in ihrer Substanz zu gefährden.

## Erziehung durch Fachleute

Das Argument der Eltern, dass sie ihren Kindern nach dem Vorbild ihrer Eltern und einiger anderer von der Gesellschaft propagierter Bildungsbeispiele eine möglichst gute Bildung vermitteln wollten, ist verständlich. Diese erweist sich jedoch als laienhaft gegenüber einer Ausbildung, die auf einem klaren Konzept wissenschaftlich entwickelter Erziehung/Bildung basiert – ein Konzept, das natürlich nicht nur einzigartig und niedergeschrieben sein muss, sondern es muss auch von

Eltern gemeistert werden. Vielleicht müssen sie sogar »gezwungen« werden, es zu meistern; unsere Erziehung, die Erziehung unserer Kinder ist schließlich eine sehr wichtige Angelegenheit.

Es gab nicht wenige Versuche von Fachleuten (Pädagogen, Lehrern, Erziehern usw.), eine einheitliche Ausbildung zu definieren. Versuche, eine solche zu verbreiten, waren aufgrund unzähliger widersprüchlicher Meinungen von Amateuren in der Bildung erfolglos. Und wir haben noch keine wissenschaftliche Theorie politisch auferlegter Bildung auf staatlicher Ebene zu implementieren vermocht. Die »demokratische« Version der Bildungsvielfalt wird weiterhin bevorzugt. Mit anderen Worten: Ist es wirklich interessant festzustellen, wie wenig gebildete und wie viele ungebildete Menschen wir haben?

Es ist oft die Rede von zivilisierten Ländern, in denen Bildung von Menschen und Kindern besser sein soll als in nicht-zivilisierten Ländern. Aber diese Aussage ist zu allgemein und am Ende nicht schlüssig. Es reicht aus, Antworten von Menschen (zum Beispiel) auf die Frage »Wie zivilisiert ist Amerika?« zu hören, um zu erkennen, dass das Zivilisationsniveau in einem Land nur teilweise mit der Bildung der Menschen jener Gesellschaft zusammenhängt.

## Erziehung – ein permanenter Prozess

Es gibt viele Menschen, die glauben, dass Kinder und Jugendliche unterrichtet werden sollten. Und ab einem bestimmten Moment des Lebens ist die Ausbildung eines Menschen abgeschlossen. Nichts ist falscher! Die Ausbildung des Menschen ist ein permanenter Prozess, der während des gesamten Lebens konsequent fortgesetzt werden muss.

Am widerspenstigsten gegenüber dieser Idee sind diejenigen reifen Menschen, welche ihren Bildungsprozess für beendet halten. Versuchen Sie beispielsweise, einem über vierzigjährigen Mann zu erklären, dass er in einer Diskussion in einem Raum keinen Hut tragen soll. Diese Geste stelle einen Mangel an Respekt für die anderen Diskussionsteilnehmer dar. Er versteht die Argumentation sehr gut, aber trotzdem weigert er sich, seinen Hut abzunehmen. Demonstrativ wird er versuchen, ein ungebildeter Lümmel zu bleiben. Es sollte keine Frage sein, den Fehler anzuerkennen und sich bei den Diskussionsteilnehmern zu entschuldigen.

Solche Beispiele gibt es unzählige. Wenn ich so etwas beobachte, frage ich mich deshalb oft bestürzt: Wie zivilisiert ist Deutschland?

## Erziehung – ein kontrollierter Prozess

Eine Epidemie ist sehr gutes Beispiel dafür, wie ungern wir einige absolut notwendige sowie gleichsam wichtige Regeln einhalten und wie wir uns in Bezug auf die Kontrolle dieser Regeln positionieren. Natürlich führt uns eine Epidemie nicht zu dauerhaften Bildungsverpflichtungen, aber im Moment müssen wir diese Richtlinie akzeptieren und befolgen. Wir wollen eine Maske tragen, wir wollen soziale Distanz respektieren und eine besondere Hygiene aufrechterhalten. Wenn wir nichts davon tun, werden wir bei einer Überprüfung verwarnt oder sogar mit einer Geldstrafe belegt. Und wir finden womöglich keine andere Möglichkeit, als aggressiv zu werden.

In einem Zug sagt eine Frau zum Passagier vor ihr, dass wir verpflichtet seien, in geschlossenen Räumen, wo wir keinen Abstand halten können, eine Maske zu tragen. Der Passagier antwortet, dass er keine Maske habe und sie sich nicht in Angelegenheiten anderer einmischen solle. Die Frau bittet ihren Reisepartner, eine andere Ecke des Zuges aufzusuchen, damit zumindest die soziale Distanz eingehalten wird. Der Passagier steht tatsächlich auf und geht. Gleichzeitig droht er ihr laut: »Du wirst sehen, was du leidest, wenn du runterkommst!«

Ein anderes Beispiel: Im Bus sprach ich einen jungen Mann vor mir an, ob es nicht schön wäre, der alten Frau, die neben ihm stand, seinen Platz anzubieten. Der junge Mann reagierte nicht – so als hätte er mich nicht gehört. Und seine Mutter neben ihm sagt mir, ich solle ihn in Ruhe lassen. Ich sitze und frage mich: Wie zivilisiert ist Rumänien?

Die Kontrolle von Bildung ist eine Notwendigkeit, die sowohl von den Behörden als auch von jedem anderen Zivilisten durchgeführt werden muss. Dieses pädagogische Engagement eines jeden von uns muss in der Gesellschaft seinen besonderen Platz finden und respektiert werden. Es ist ein Ideal, das schwer zu erreichen ist, solange wir einander nicht respektieren. Den Gipfel des Mangels an Respekt zeigen wir, als wäre es ein Akt der Tapferkeit oder des Muts. Der Mangel an Respekt spiegelt jedoch lediglich den Mangel an Erziehung/Bildung wider.

## Erziehung zum besseren Menschen

Wie können Menschen besser werden? Natürlich durch eine gute Ausbildung. Es gibt zwei Möglichkeiten, Menschen dazu zu bringen, das Beste für sich und andere zu tun:

1. Mit Argumenten davon überzeugen, dass das von Fachleuten vorgeschlagene Gut befolgt werden muss, da es zum Nutzen aller ist.

2. Gezwungen zu sein, dem von Fachleuten vorgeschlagenen Gut zu folgen, etwas qua staatlichem Gewaltmonopol richtig machen zu müssen.

Es scheint brutal, aber alles, was wir tun, machen wir entweder aus Überzeugung oder aus Zwang. Tag für Tag. Ein aktuelles und überzeugendes Beispiel ist das Covid-19-Virus, in dessen Bekämpfung das in der Gesellschaft verbreitete Gut in Bezug auf die menschliche Gesundheit eine sogenannte Gesundheitserziehung ist.

Politiker möchten in einer solchen Gesundheitskrise natürlich nicht Panik verbreiten, sondern die besten Maßnahmen ergreifen und Regeln festlegen, um die Pandemie zu stoppen. Deshalb vertrauen sie zu hundert Prozent einer Gilde von Fachärzten (z. B. vom *Robert-Koch-Institut*), die ihnen das Phänomen erklären muss, um diejenigen Maßnahmen festzulegen, welche ergriffen werden sollten und von jedem Menschen in der Gesellschaft zu befolgen sind. Nach diesem »Rat der Ältesten« entscheiden die Politiker wissentlich, führen eine Masseninformationsaktion durch und versuchen, alle Mitglieder der Gesellschaft davon zu überzeugen, dass eine bestimmte Regel notwendig ist und zur Verpflichtung werden kann. Die meisten Menschen haben Angst (es geht schließlich um ihre Gesundheit), aber auch aus Überzeugung halten sie sich strikt an die ersonnenen Regeln. Eine Minderheit, die nicht überzeugt ist, muss durch Warnungen, Geldstrafen usw. *verpflich-*

*tet* werden, sich daran zu halten. Es muss im allgemeinen Interesse sein, auf den richtigen Weg gebracht zu werden. So werden Menschen durch Überzeugung oder (staatliche) Gewalt besser.

Ein Land wie Deutschland, das jetzt nach der Gesundheitserziehung auf die menschliche Erziehung hin beurteilt wird, muss beweisen, dass es vollständig zivilisiert ist. Ziel der Gesellschaft ist es, Menschen zu erziehen und besser zu machen.

Der zu befolgende Weg sollte der gleiche sein wie im Fall einer Pandemie:

- Politiker glauben, dass sich Deutschland in einer Bildungskrise befindet.
- Sie geben einer Gilde von Experten (Pädagogen, Lehrern, Soziologen, Philosophen) hundertprozentiges Vertrauen, die das Phänomen erklären, die Maßnahmen und die Regeln festlegen müssen, die für jede Person in der Gesellschaft zu befolgen sind.
- Nach diesem »Rat der Ältesten« entscheiden die Politiker wissentlich, führen eine intensive Masseninformationsaktion durch und versuchen, alle davon zu überzeugen, dass jede vorgeschlagene Regel zur Verpflichtung werden kann.
- Die meisten Menschen haben Angst (da sie nicht als ungebildet bezeichnet werden wollen), aber sie sind auch überzeugt und halten sich strikt an die Regeln.

Die Minderheit, die nicht überzeugt ist, muss durch Warnungen, Geldstrafen usw. verpflichtet werden. Es muss im allgemeinen Interesse sein, auf den richtigen Weg gebracht zu werden. Deutschland braucht keine Unerzogenen/Ungebildeten.

## Erziehung zu einer besseren Gesellschaft

Eine Gesellschaft, in der alle Menschen im Laufe der Zeit zu besseren Menschen werden, kann nur eine gute Gesellschaft sein. Aber ist diese nicht eine Utopie? Natürlich. Mit der chaotischen, unwissenschaftlichen Ausbildung, die wir kultivieren, mit Agitation, die für Sex und Krieg propagiert, mit Geld, welches für uns arbeiten muss, der Überzeugung, dass es natürlich ist, billig zu kaufen und teuer zu verkaufen, dass Spekulationsblasen auszunutzen klug ist, dass jeder auf ehrliche Weise reich werden kann, legaler Diebstahl (z. B. ein überteuertes Produkt) erlaubt ist, und wenn Sie es sich erlauben, illegal zu stehlen, dass Sie zumindest nicht erwischt werden. Wie schön wäre es, ehrlich zu sein und alles zu haben, was wir für ein anständiges Leben benötigen. Reichtum brauchen wir nicht wirklich, und auf Kosten eines anderen reich zu werden, ist eine Sünde.

Unser Ziel muss es sein, bescheiden, gesund und im Einklang mit der Natur und den Mitmenschen zu leben.

Definieren wir unsere Zugehörigkeit zur Natur neu. Wir können nicht sagen, dass wir in Büchern keine Informationen finden, durch die wir freiwillig gemäß unseren gegenwärtigen Interessen reifen können. Es gibt allerlei Arten von Erziehungslehrbüchern: Ernährungserziehung, Familienerziehung, Sexualerziehung usw. Das Gute daran ist, dass diese Lehrbücher nicht nur für Kinder und Jugendliche, sondern für alle Menschen zugänglich sind. Der Nachteil ist, dass die in diesen Lehrbüchern verbreiteten Ideen nicht die Zustimmung einer von Fachleuten anerkannten nationalen Gilde genießen. Das Gelernte, Beherrschte bleibt also der freien Wahl des Lesers überlassen und ist in keiner Weise bindend.

Wie bei der Pandemie treffen nicht Spezialisten Entscheidungen, sondern Politiker. Das Ministerium in Deutschland, welches eine zentrale Verantwortung für Bildung hat, ist das Ministerium für Ausbildung und Forschung. Dieses verbreitet die verbindlichen Regeln für die Bildung von Kindern sowie Jugendlichen und bezieht sich hauptsächlich auf Schulkinder. Es wäre sinnvoll, dieses Ministerium als Erziehungsministerium zu bezeichnen und die viel umfassenderen und komplexeren verbindlichen Regeln für die Bildung *aller* Menschen dieser Gesellschaft zu verbreiten. Dies würde die Umsetzung der Vision einer besseren Gesellschaft mit besseren Menschen darstellen.

# Teil 5: Die Emanzipation der Familie

»Lege Dich nie mit einem Idioten an! Er zieht dich auf sein Niveau herunter und schlägt dich dann mit seiner Erfahrung!«

*Volksmund*

## Die Familie – ein wichtiges Konstrukt

Die klassische Familie spielt zwischen Mann und Frau keine Rolle mehr. Eine breitere Definition ist erforderlich, damit die Familie mit einem Vertrag eine Vereinbarung auch zwischen zwei Personen ist, die Affinitäten zueinander pflegen. Das Ziel der Familie ist nicht länger Liebe und Zeugung. Das Ziel der Familie ist es, sich auf eine dauerhafte Freundschaft, die auf vollständigem Vertrauen zwischen den beiden Familienmitgliedern basiert, zu konzentrieren.

Wenn das Vergnügen der Liebe, Sex und das Kind nicht mehr das Wichtigste in einer Familie sind, werden die beiden Familienmitglieder gleichgestellt, mit gemeinsamer Verantwortung. Die Überlegenheit der Frau in der Familie schwindet.

Die Natur lehrt uns, dass der Sinn des Lebens auf der Erde die Erhaltung der Spezies ist. Das stimmt. Meine Gedanken lassen Kinder nicht außen vor. Sie bleiben die gleichen geliebten Nachkommen, bis sie ihre Herkunftsfamilie verlassen und nach einer eigenen Familiengründung streben. Das Kind ist im Grunde ein Produkt des natürlichen Laufs des Lebens, in dem Sex von Zeit zu Zeit eine bestimmte Rolle spielt. Es ist nicht Produkt von Liebe oder Produkt eines Gefühls.

Also lasst uns klar erkennen: Eine zweiköpfige Familie kann Kinder in Pflege und Bildungseinfluss auf sich nehmen. Aber solche Kinder werden niemals mit ihren Eltern befreundet sein. Vorbei sind die Zeiten, in denen Kinder im Alter als Unterstützung ihrer Eltern angesehen wurden. Eltern, die beiden Familienmitglieder, sind gute Freunde geworden und die Einzigen, welche einander bis zum Tod im Leben unterstützen können.

## Familie neu definieren

Eine Frau, die ein Kind zur Welt bringt, ist eindeutig die Mutter. Wir sollten aufhören, das Wort Vater zu verwenden. Nur das Wort Co-Produzent ist (und bleibt) realistisch.

Die Verantwortung für das Kind muss vollständig der Mutter zugeschrieben werden. Wenn sie der Meinung ist, dass es in einer Familie mit einem Partner, der ihr hilft, einfacher sei, ein Kind zu erziehen, kann sie so verfahren. Aber sie muss verstehen, dass ihr Partner auch derjenige ist, der ihr im Alter helfen wird – nicht das Baby. Für das Kind werden in dessen Leben sowohl die Mutter als auch der Co-Produzent irgendwann keine Bedeutung mehr haben.

So zu denken bedeutet nicht, die »arme Frau«, die sich gerade erst emanzipiert hatte, zu überlasten. Überhaupt nicht. Wir schaffen eine neue Familienordnung. Natürlich muss der Frau in diesem Fall von derjenigen Seite geholfen werden, die neben dem natürlichen Lauf der Dinge das größte Interesse daran hat, so viele Kinder wie möglich hervorzubringen: dem Staat. Er muss seine Verantwortung mit der zukünftigen Mutter teilen. Deshalb sollte er die Mutter als Beamtin auf Zeit anerkennen und ihr einen Job geben. Die Mutter sollte für ihre Arbeit bezahlt werden, bis das Kind sieben Jahre alt ist.

Wie wir unsere Politiker kennen, wissen wir, dass die Vergütung nicht besonders hoch sein wird. Die Frau hat die Wahl, entweder einen zweiten Job anzunehmen oder einen Familienpartner, einen Freund zu haben. Wenn die Position als Beamtin auf Zeit, als Mutter, nicht zu ihr passt oder der Frau zu wenig materielle Vorteile mitbringt, kann sie jeden anderen Job wählen, den sie möchte. Sie kann sich auch dafür entscheiden, alleine zu leben, ohne einen Partner oder Freund. Dieselben Entscheidungen, bis auf diejenige des Mutter-Seins, hat gleichermaßen der Mann zu treffen (Staatsbeamter als Vater ist für einen Mann wohl absurd).

## Familienmitglieder sind schlicht Menschen

Wenn es uns gelingt, den Begriff des Geschlechts als unbedeutend aus der Familiencharta herauszustreichen, haben wir einen großen Schritt Richtung Zukunft gemacht. Familie bedeutet zwei Menschen, die beschlossen haben, Freunde zu werden und zusammenzuleben. Je besser die Qualität einer Familie ist, desto besser sind ihre Mitglieder ausgebildet. Und nicht nur das: Sie lassen sich weiterbilden. Eine wichtige Voraussetzung für eine funktionierende Familie ist, dass die beiden Familienmitglieder erwerbstätig sind. Niemand kann Hausfrau sein, es sei denn eine kurze Zeitspanne z. B. als Arbeitslose/-r.

Familienmitglieder verpflichten sich vertraglich zum Zusammenleben. Es besteht auch die unerwünschte Möglichkeit einer Scheidung. Diese erfolgt nach einer festgelegten Frist gemäß einem schriftlichen Scheidungsantrag. Der Familienvertrag muss beim Standesamt verzeichnet sein und die Scheidung durch ein

Prozessverfahren geregelt werden. Familienstreitigkeiten werden zwischen den beiden Familienmitgliedern beigelegt. Kinder nehmen an dem diesbezüglichen Einigungsvorgang nicht teil, sie gehören automatisch zur Frau. Kinder haben keine Rechte bei familiären Missverständnissen, und es gibt für sie daher keinen Grund, gefragt zu werden. Innerhalb einer Familie liegt die Verantwortung für das Kind bei der Frau, der Staatsbeamtin, die das Recht erhalten hat, Mutter zu werden und nach dem siebten Lebensjahr des Kindes zusätzlich Kindergeld erhält. Ihr Partner hat nur beschränkte Haftung. Er kann nicht Papa genannt werden, ist möglicherweise Co-Produzent. Er kann keinen Unterhalt leisten. Die Verantwortung beider endet, wenn das Kind selbst einer beruflichen Tätigkeit nachkommt und/oder eine Familie gründet.

Beide Familienmitglieder arbeiten in einer Familie, privat oder beim Staat. Die Frau, welche ein Kind haben möchte, stellt einen besonderen Antrag auf Beschäftigung beim Staat, um einen freiwilligen Mutterdienst zu leisten. Die Frau, die unter diesen Bedingungen kein Kind haben möchte, wird sich wie jeder Mann einen Beruf suchen, der ihren beruflichen Fähigkeiten entspricht. Eine Frau, die einen Beruf hat und unerwartet schwanger wird, wird Vorrang haben, um der Beschäftigung als Mutter nachzugehen. Die Entscheidung, ob sie ihren bestehenden Job behalten oder aufgeben will, bleibt jedoch in ihrer Verantwortung. Ihre Tätigkeit als Mutter aber wird sie nicht aufgeben können.

## Vertrauen – Zentrum der Familie

Es wird behauptet, dass Männer die einzigen sind, welche in einer Partnerschaft zu einem Gefühl von Liebe fähig sein können, weil sie weder vorgefasste Ideen haben noch Interessen befriedigen. Normalerweise stellen sie nicht einmal zu viele Fragen. Frauen beginnen nicht aus Liebe eine Beziehung, sondern zur Befriedigung ihres Sicherheitsgefühls (Hat er einen gut bezahlten Job?). Zudem hat die Person zumindest »ansprechend« auszusehen (Sieht er gut aus?). Der zukünftige Partner muss Geist haben und wie ein Kavalier handeln (Gibt er mir die Aufmerksamkeit, die ich verdient habe?). Eine Frau erfragt auch die Meinungen ihrer Freunde (Was denken andere?). Erst dann kommt Sex ins Spiel, die Liebe in Sünde, in der die Frau einige Positionsvorteile festigen will (Habe ich es geschafft, ihn zu erobern?). Echte Liebe findet in diesen vorläufigen Gedanken nicht statt.

Überdies schwinden nach der Heirat auch die vorläufigen Gedanken recht schnell. Wenn der Partner arbeitslos wird, ist er schon nicht mehr so »ansprechend«. Vergisst er wiederholt, ein Kavalier zu sein, wird er langweilig, die Meinung anderer über diese Person ist nicht mehr positiv und ihre eigene Meinung über Sex ist, naja, bestenfalls mittelmäßig.

Entfernen wir uns also lieber schnell von dieser gewöhnlichen und eher negativen Vision einer Partnerschaft. Wie kann die Frau eine Familie mit jemandem gründen, wenn sie auf diesen Gedanken oder Meinungen basiert? Grundsätzlich hat sie das Recht, Fragen zu stellen, wenn sie eine Beziehung beginnt. Es zeigt, dass sie nicht gleichgültig ist. Und der Mann sollte die Fragen beantworten. Er muss ebenfalls zeigen, dass er sich interessiert, wenn er nicht durch die Launen seiner Frau zum Idioten werden will. Wenn beide überdies davon überzeugt sind, dass Sex für sie weder entscheidend ist noch einen Vorteil für sie schaffen kann, können sie die wahre Liebe entdecken. Wenn sie diese wunderbare Entdeckung der Liebe machen, können sie beginnen, ihr gegenseitiges Vertrauen gründlich zu stärken. Sie haben keine Geheimnisse, sie können ihre guten und schlechten Tage miteinander teilen. Sie werden jedes Hindernis überwinden.

## Das Ziel von Familie – Freundschaft ihrer Mitglieder

Es heißt, dass eine Frau nicht mit einem Mann schlafen kann, wenn sie ihn nicht liebt. Falsch! Eine Frau kann mit jedem Mann Sex haben, solange sie denkt, dass sie es will und »verdient«. Ein Mann denkt weniger, er tut es. Deshalb ist es sehr einfach, einen Mann zu verführen.

Die oben beschriebenen sind weit davon entfernt als freundliche Handlungen gelten zu können. Und die zwei Personen, welche eine menschliche Beziehung beginnen, eine Familie gründen, von Anfang an an ihrem gegenseitigen Vertrauen arbeiten, sollten die wahre Liebe entdecken und das ultimative Ziel haben wollen, Freunde zu werden. »Ohne Liebe ist alles nichts« ist eine oft gewählte, halbwahre Sentenz. Man hätte richtig und umfassender gesagt: »Ohne Freundschaft ist alles nichts.«

Nur mit einem Freund können wir, basierend auf hundertprozentigem, gegenseitigem Vertrauen, alles teilen. Alles bedeutet hier: aufrichtige Gedanken (falsche Gedanken existieren nicht), gemeinsame oder widersprüchliche Meinungen (widersprüchliche Meinungen werden als Argumente für das Erreichen des gemeinsamen Zieles verarbeitet, Kompromisse gesucht) und gemeinsame Handlungen (das Vergnügen, etwas mit dem anderen zu tun, bleibt eine sichtbare Konstante) werden untrennbar miteinander verbunden.

In Bezug auf Freundschaft gibt es Meinungen, die besagen, Freundschaft stelle, wie jeder andere Vertrag, letztendlich eine Einschränkung des Einzelnen dar. Wenn wir an den Punkt kommen, wo wir uns fragen, ob wir überhaupt der Freund der anderen Person sein möchten, ist die Freundschaft beendet. Ausgehend von einem Aphorismus Senecas, der besagt »Wenn du willst, kannst du, wenn du nicht willst, musst du«, komme ich zu dem Schluss, dass es nur von mir abhängt, was ich will – ohne mich jemals verpflichtet zu fühlen. Eine Freundschaft, an die ich glaube, entsteht, weil ich sie will, und der Wunsch nach dieser Freundschaft sollte niemals enden. Ich will es am Anfang, wie ich es am Ende will. Und mein Glaube an meine Freundschaft möge mir mein ganzes Leben lang folgen.

# Nachwort

»Das Ende denkst du nicht zu Ende.«

*Manfred Hinrich*

Frauen! Wolltet ihr die totale Emanzipation? Ja. Was ich beschrieben habe, würde diese totale Emanzipation bedeuten. Unser Staat, unsere Politiker können sie euch anbieten.

Männer! Möchtet ihr das unverdiente Etikett von Idioten heutiger Familien loswerden? Ja. Was ich oben beschrieben habe, würde bedeuten, dieses Etikett abzuwerfen. Unser Staat, unsere Politiker könnten euch mehr Respekt zeigen und es tun.

Männer, Frauen, Familienmitglieder! Möchtet ihr Freunde werden, um einander in Not zu helfen und beizustehen? Ja. Dann helft dem Staat und unseren Politikern, euch zu verstehen. Fangt an, aufrichtigen Respekt und gegenseitiges Vertrauen zu entwickeln.

# Notizen